Paul Weismantel

Da haben die Dornen Rosen getragen

Weihnachten entgegen

Schwabenverlag

Einladung

»Maria durch ein Dornwald ging« gehört für mich seit Jahren zu den Liedern, die ich im Advent mit besonderer Vorliebe singe.

Eines seiner besonderen Merkmale sind die einfachen und tiefsinnigen Worte, mit denen es auskommt. Es sagt mit wenigen Worten sehr viel; viel mehr als manche wortgewaltige Predigt oder noch so gut gemeinte Rede. Text und Melodie drücken viel Geheimnisvolles, Wahres, Tröstliches und Zuversicht aus. Dabei wird nichts beschwichtigt oder verharmlost.

In diesem Lied finden sich viele Menschen wieder mit ihren dornigen und widrigen Lebensumständen. Sie begegnen Bildern, die aufatmen und aufschauen lassen. Es werden ihnen Worte ans Herz gelegt, die aufhorchen lassen und aufrichten. Sie werden dabei nicht einfach nur ein bisschen bedauert oder vertröstet, sondern auf einen guten Weg der Wandlung geführt.

Dieses Lied verbindet unsere eigene Situation mit dem adventlichen Weg von Maria. So lädt es uns ein, uns überraschen und beschenken zu lassen. Es klingt verheißungsvoll und wahrt dennoch die gebotene Schlichtheit und Echtheit des Herzens. In ihm verbindet sich Einfaches und Wunderbares.

Maria durch ein Dornwald ging,
Kyrie eleison.
Maria durch ein Dornwald ging,
der hat in sieb'n Jahr kein Laub getrag'n.
Jesus und Maria.

»Die schwersten Wege werden alleine gegangen«, so sagt es eine Dichterin unserer Zeit. Der Weg, von dem unser Adventslied erzählt, gehört wohl auch zu dieser Art von Wegen, die alleine gegangen werden müssen.

Von sieben Jahren ist da die Rede. Die Zahl »sieben« steht für einen sehr langen Zeitraum. Umgangsprachlich würde man sagen »eine halbe Ewigkeit«. Die sieben dürren und mageren, fruchtbaren und unfruchtbaren Jahre können Unterschiedliches bedeuten im je eigenen Leben.

Es können die schweren Jahre einer Krankheit sein; die langwierige Zeit, pflegebedürftig zu sein, angewiesen auf fremde Hilfe; die lange Zeit, in der jemand ans Bett gefesselt ist; die harten Jahre einer persönlichen Lebens- oder Glaubenskrise; die Leere und Schwere einer tiefen Enttäuschung.

Wer kennt solche Erfahrungen nicht aus der näheren Umgebung, von seinem eigenen geistlichen Leben, von seiner beruflichen Arbeit, vom Zusammenleben mit anderen oder auch im Umgang mit sich selbst?

Schwere Wege sind zu gehen

Es sind schwere Wege zu gehen, wenn es heißt, Abschied zu nehmen von Wunschvorstellungen oder einem lieben Menschen.

Gerade im Advent wird das Allein- oder Einsamsein noch schmerzlicher spürbar. Es sind schwere Wege zu gehen, wenn man sich in einem Dickicht von Vorwürfen und Zweifeln befindet und nicht weiß, wie man da noch einmal herauskommen kann. Es sind schwere Wege zu gehen, wenn man von sich selbst und anderen enttäuscht mit den bangen Fragen nach dem Sinn des Ganzen ringt und keine Antwort findet.

Es sind schwere Wege zu gehen, wenn einem lange Vertrautes auf einmal fremd vorkommt und man sich zurücksehnt in frühere Zeiten, wo alles viel schöner und glücklicher war. Es sind schwere Wege zu gehen, wenn man herbe Niederlagen einstecken oder sich das persönliche Scheitern eingestehen muss.

Da bleibt nur noch die stille Bitte um Erbarmen, um einen Trost, die ganz leise und winzig kleine Hoffnung, dass es vielleicht doch noch gut werden wird.

Da bleibt nur das sich Abfinden- und Annehmen-Müssen all dessen, was eben so ist, wie es ist, auch wenn man es sich ganz anders vorgestellt hatte.

Da bleibt man oft mit sich und dem schweigenden Gott allein – so wie damals Maria auf ihrem Weg über die inneren Höhen und Tiefen im Bergland von Judäa.

Die Landschaften der Bibel

und unserer Seelen reichen von der Garten- und Paradieseslandschaft bis zu den Steppen und Wüsten, von den Hügeln und Bergen bis zu den dunklen Schluchten und Abgründen, von der fruchtbaren Weidelandschaft bis zum Dickicht und Gestrüpp, von den duftenden Wäldern bis zu den verdorrten und dornigen Hecken.

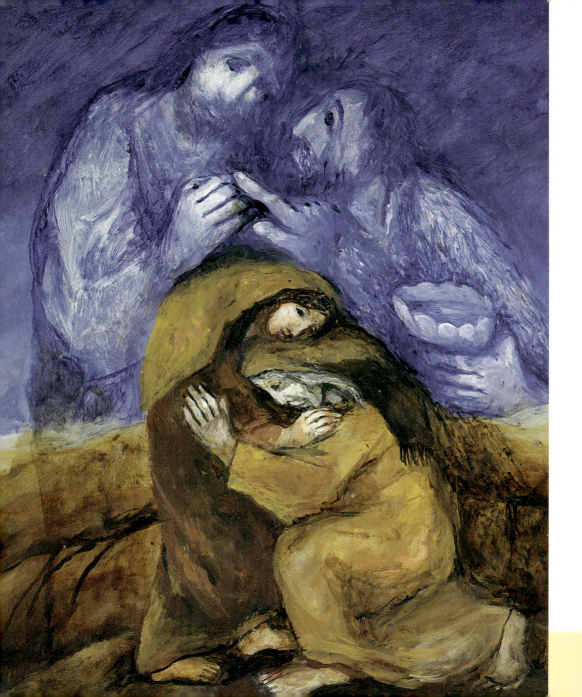

Sie führen durch unwegsames Gelände und auf mühsame und einsame Wege. So wird es wohl auch für Maria gewesen sein auf ihrem langen inneren und äußeren Weg von Nazaret nach Judäa, in das Haus von Zacharias und Elisabet.
Wie viel bange Sorge mag mit ihr gegangen sein. Wie viel inneres Alleinsein mit ihrer Situation, die größte Erwählung und stärkste Zumutung, wunderbare Berufung und gewaltige Herausforderung zugleich war. Wie viel Hoffen und Bangen und Ringen und Auseinandersetzung. Noch nicht sehen können, wie das alles gehen und werden soll. Dennoch vertrauen, dass es gut wird, weil doch Gott alles zum Besten lenkt.
Mit wie viel schwerem innerem Gepäck sind Menschen auch in unseren Tagen unterwegs, mit den unlösbar erscheinenden Fragen in ihren Beziehungen, in ihren Sorgen um Kinder und Freunde, in der Suche nach dem eigenen Platz und Sinn. Wir wissen aber auch, wie gerade in der Bedrängnis und im Dunkel die Kraft der Hoffnung wächst und uns stärkt. Wir wissen aus eigener Erfahrung um die Wahrheit des Wortes, dass Not beten lehrt.
In all dem sind wir sehr nahe bei dem, was uns der Evangelist Lukas über den Weg Marias erzählt und was wir in diesem adventlichen Lied immer wieder besingen. Es ist die Ursehnsucht nach Rettung und Heil, nach Gottes Hilfe und Wandlung in der Mühsal oder auch Trübsal unseres Lebens.

Was trug Maria unter ihrem Herzen?
Kyrie eleison.
Ein kleines Kindlein ohne Schmerzen,
das trug Maria unter ihrem Herzen.
Jesus und Maria.

Mit einer Frage beginnt die zweite Strophe; mit einer Frage, wie auch ich sie mir immer wieder stellen kann: mit der Frage, was ich denn alles im Herzen trage. Was ich im Herzen trage an guten Erinnerungen, an tiefen Eindrücken und Spuren aus längst vergangenen Tagen. Was ich im Herzen trage von den Sternstunden meines Lebens, von den Augenblicken, die mich gezeichnet haben, von denen ich weiß, dass ich sie nie vergessen werde.

Wofür im Herzen Raum ist

»Immer ist im Herzen Raum für das Große, das Schöne, das Wunderbare und Erhabene«, daran erinnert uns Nelly Sachs in ihrem Gedicht von der Sehnsucht, mit der für sie alles beginnt.

Wofür habe ich in meinem Herzen Raum, wie kann ich mehr Freiraum darin schaffen, damit mehr Platz für das Größere entsteht?

Was trage ich im Herzen aus den frühen Tagen meiner Kindheit und aus den Zeiten meines Erwachsenenalters? Was trage ich im Herzen an überwältigendem Glanz und sagenhaft Schönem, an unbeschreiblich Wunderbarem, aber auch an tiefer Wehmut und Fernweh und Heimweh?

Was ich im Herzen trage, das prägt und trägt mich. Damit gehe ich schwanger. Das ist noch im Entstehen und Werden, ist verbunden mit der großen Erwartung und Freude, aber auch mit den Wehen und dem Schmerz einer Geburt. Das ist natürlich, menschlich und weihnachtlich, das ist göttlich, irdisch und himmlisch zugleich.

In all dem verweist es mich auf das große Geheimnis der Mensch-

werdung Gottes in mir und durch mich. Trage ich nicht auch, wie Maria damals, die Zusage Gottes im Herzen, dass er in mir wohnt, dass er mit mir geht und bei mir bleibt?
Trage ich nicht auch, wie Maria, die Verheißung des Engels im Herzen, dass fast Unmögliches durch Gott doch möglich wird?
Trage ich nicht auch, wie Maria, jenes göttliche Schöpferwort im Herzen, das mir immer neu versichern will: »Fürchte dich nicht«?

Welch ein Glück

Welch ein Glück, einem Menschen zu begegnen, aus dem eine lebendig echte Herzlichkeit leuchtet und strahlt.

Welch ein Geschenk, einen Menschen zu haben, der mir von Herzen zugetan ist, der mir sein Herz zeigt, bei dem ich mein Herz öffnen und ausschütten kann.

Welch eine Gnade, wenn Menschen füreinander freien Raum im Herzen schaffen, damit sie darin atmen und einander bergen können in einer vielfach kalten und lieblosen Welt.

Welch ein Segen, bei einem Menschen in Augen zu schauen, die etwas erahnen lassen von der Tiefe und Weite seines Herzens, von seiner Güte und Größe, von seinem Schatz und Schutz.

Da haben die Dornen Rosen getragen.
Kyrie eleison.
Als das Kindlein durch den Wald getragen,
da haben die Dornen Rosen getragen.
Jesus und Maria.

Mit wenigen Worten beschreibt und besingt diese Strophe den innersten Kern und die geheimnisvolle Mitte des Advents und aller weihnachtlichen Worte. Darin drückt sich unsere eigene Sehnsucht und Erwartung aus, dass all unser Hoffen, unser Gutsein, unser Vertrauen und Wohlwollen nicht vergeblich ist und nicht ins Leere geht, sondern gewandelt wird.

Das Rosenwunder

geschieht eher lautlos, in aller Stille, als Wunder der Wandlung. Es geschieht, wenn aus dem schon alten Holz plötzlich neues Leben wächst, ein junger Zweig sprießt, wie es auch der große Trostprophet Jesaja andeutet (vgl. Jes 11).

Da geschieht es, vor den Augen deines Herzens, das Wunder des grünenden Zweigs und der aufblühenden Dornen, in denen duftende Rosen ihre volle Pracht und Schönheit entfalten.

Da geschieht es, das Wunder, mitten in der Wüste deines Alltags, dass du auf einmal wieder staunen kannst und tief im Innersten weißt, es wird alles gut.

Da geschieht es, das Wunder, in noch so viel Widerständen und bedrückendem Dickicht, dass du freier atmest und deine Augen zum Himmel erhebst und weißt, woher dir Hilfe kommt. Da geschieht es, das Wunder, dass du einen trostlosen Menschen trösten kannst, nicht aus eigener Kraft, und diesem Menschen ein Licht aufgeht, durch das er neu zu sehen beginnt.

Da geschieht es, das Wunder, das dir die Augen öffnet und das Herz aufgehen lässt, wo du vorher völlig verschlossen warst und blind für die verborgenen Schätze in dir. Da geschieht es das Wunder, dass du auf einmal schenkend beschenkt bist und für dich selbst und andere zum Geschenk wirst. Da geschieht es, irgendwo, weit abseits, in einem abgelegenen Winkel der Welt, auf deinem Weg, in der Landschaft deines Lebens. Du kannst es nicht erklären und nicht beweisen: Da tragen die Dornen deines Lebens Rosen.

Da erstrahlt im tiefsten Dunkel deiner Nacht ein neues Licht, das dich erleuchtet, das dich tröstet, dich freut, dich stärkt, dich meint, ganz besonders und ausdrücklich.

Ja, es geschehen immer noch Zeichen und Wunder, auch wenn wir es nicht wahrhaben oder sie nicht wahrnehmen wollen. Sie geschehen noch, aber sie lassen sich nicht erzwingen. Wir können sie nicht selbst herbeiführen, sondern uns nur zu ihnen hinführen lassen. Sie geschehen noch, die Zeichen und Wunder, damit wir das Staunen nicht verlernen und unsere Sehnsucht nicht verloren geht auf dem langen Weg durch das dornige Gestrüpp der vielen Bedenken und Vorbehalte, des Misstrauens und der Ablehnung.

Da wird es geschehen

Da werden die Dornen auch in Zukunft Rosen tragen, wo Menschen füreinander empfänglich sind und damit auch verletzbar werden.

Da werden die Dornen auch heute Rosen tragen, wo Menschen einander so sehen und behandeln, dass sie an das Gute im anderen glauben und es auch in Worte fassen. Da werden die Dornen auch in Zukunft Rosen tragen, wo Menschen sich nicht davon abbringen lassen, leidenschaftlich den Gott zu suchen, der in allem ist.

Da werden die Dornen auch heute Rosen tragen, wo Menschen nicht aufhören, in Ehrfurcht vor dem Geheimnis des anderen sich vor ihm zu verneigen, ohne sich dabei selbst klein machen zu müssen.

Das Lied vom Geheimnis der Liebe

Die Liebenden und die Dichter können ein Lied mit unzähligen Strophen singen vom Geheimnis der Rose und all dem, was es in sich birgt und mit sich bringt.

Immer werden Menschen in der Liebe verwandelt und verwundbar zugleich. Immer werden sie in ein Wagnis geführt oder sie begeben sich hinein, in dem sie Ungeahntes und Unbekanntes entdecken und erfahren. Immer werden sie vom Wunder berührt, weil die Liebe nicht selbstverständlich ist und weil es auch ganz anders sein könnte. Wir haben kein Recht und keinen Anspruch darauf, auch wenn manchmal so getan wird. Liebe ist immer ein Geschenk, eine Gnade. Wir können sie weder verdienen noch bezahlen.

Mit kaum einem anderen Fest verbinden Menschen so viele Erinnerungen an Geschenke wie mit Weihnachten. Wir feiern den Gott, der sich uns Menschen schenkt, damit wir dieses Geschenk annehmen und uns daran freuen. Er verbindet damit

weder Hintergedanken noch Nebenabsichten. Er schenkt sich, weil er es so will, weil Liebe eben liebt und gibt und nicht vereinnahmen und für sich haben will.

Wo die Liebe wohnt – begegnen wir Gott.
Wo Menschen aus der Liebe leben –
kommt Gott zum Vorschein.
Wo Liebe geschenkt oder empfangen wird –
ist Gott am Werk.
Wo Menschen einander Ansehen schenken – bekommt Gott ein Gesicht.
Wo Liebe geübt wird – erklingt der Name Gottes.
Wo Liebe sich freut – da lädt Gott uns ein zum Fest.

So erfüllt sich die alte Verheißung des großen Trostpropheten Jesaja vom Reis aus dem Baumstumpf, vom aufgehenden Licht über den Menschen in der Finsternis. Da leuchtet auf einmal still und lautlos der Morgenstern. Da beginnt in der Mitte der Nacht der neue Tag. Da wird der Traum Gottes von seinem geliebten Menschen wahr. So wird es Weihnachten, mitten im eigenen Herzen.